ANTONIN DVOŘÁK

QUARTET

for 2 Violins, Viola and Violoncello
A♭ major/As-Dur/La♭ majeur
Op. 105

Ernst Eulenburg Ltd

London · Mainz · Madrid · New York · Paris · Tokyo · Toronto · Zürich

QUARTET

I.

ANTONÍN DVOŘÁK, Op. 105
1841—1904

E. E. 6094

Ernst Eulenburg Ltd

4

6

E. E. 6094

E. E. 6094

12

poco a poco
più tranquillo·

14

II

Molto vivace. M.M. ♩.: 92

E. E. 6094

16

18

19

E. E. 6094

20

Da Capo dal Segno 𝄋 sin al Fine

22

III

poco a poco più animato

26

28

E. E. 6094

IV

32

34

57

E. E. 6094

38

E. E. 6094

40

42

44

45

47

E. E. 6094

48

E. E. 6094